*Zeit*SPRÜNGE

Annweiler

Die westliche Gerbergasse um 1903.

*Zeit*SPRÜNGE

Annweiler

Sonja Pfundstein und Hans-Joachim Kölsch

SUTTON
VERLAG

Sutton Verlag GmbH
Hochheimer Straße 59
99094 Erfurt
http://www.suttonverlag.de

ISBN 3-89702-617-1

Druck: Oaklands Book Services Ltd., Stonehouse | GL, England

Auf dem Umschlagbild sind die Gerberhäuser am Schipkapass um 1900 und im Jahre 2003 zu sehen, in denen heute das Museum unterm Trifels untergebracht ist.

Ansicht der Landauer Straße nach der Kreuzung Friedrich-Ebert-Straße und Osterbächel um 1910.

Inhaltsverzeichnis

Vorwort

Kinder wie die Zeit vergeht! Unter diesem Motto bietet dieser Bildband eine fotografische Zeitreise durch die Vergangenheit und Gegenwart von Annweiler und seinen Vororten sowie der Burg Trifels.
Insgesamt 165 Bilder dokumentieren die Veränderungen von Landschaften, Straßenzügen, Gebäuden und Plätzen in den letzten 100 Jahren. Durch die paarweise Gegenüberstellung der Motive erhält der Leser einen schnellen Überblick über den kulturellen und architektonischen Wandel, dem sich auch Annweiler nicht entziehen konnte. Kurze, prägnante Texte liefern ein Stück Zeitgeschichte zu den einzelnen Objekten.
Unser aufrichtiger und herzlicher Dank gilt allen, die zum Gelingen des Buches beigetragen haben. Besonders möchten wir uns bei Herrn Ehret, Herrn Salmon, Herrn Schramm und Herrn Übel (Stadtarchiv) für die Bereitstellung ihres Bildmaterials bedanken, Herrn Schramm auch für die Unterstützung bei der Recherche. Herrn Brachart und Herrn Wild danken wir für ihren fotografischen Einsatz und der Kulturstiftung Langer für ihre finanzielle Unterstützung.

Fotonachweis

Axel Brachart
Hans-Joachim Kölsch
Günther Schramm
Rudolf Wild
Museum unterm Trifels (historische Fotos)
Stadtarchiv Annweiler (historische Fotos)

Annweiler – ein historischer Überblick

Annweiler, die zweitälteste Stadt der Pfalz, liegt malerisch im Tal der Queich, umgeben von Bergen und Wäldern. Gegründet im 7. Jahrhundert vom fränkischen Sippenführer Anno, wird der Ort 1116/18 erstmals schriftlich erwähnt. 1138 wird die Trifelsstadt staufisches Königsgut. Diese rasante Entwicklung im Mittelalter ist nur im Zusammenhang mit der ehemaligen Reichsburg Trifels zu begreifen, hinter deren mächtigen Mauern fast 200 Jahre lang die Reichsinsignien aufbewahrt wurden. Aber nicht nur Kaiserkrone und Reichskreuz ließen sich hier sicher verwahren, auch lukrative Gefangene und Geiseln wurden festgesetzt. Prominentester Gefangener war Richard I. Löwenherz.

Zu jener Zeit brachte Annweiler auch berühmte Persönlichkeiten hervor, wie Markward von Annweiler und Konrad von Scharfenberg, die als Stellvertreter der staufischen Kaiser agierten. 1219 erhob Friedrich II. Annweiler zur Reichsstadt. Doch nach dem Ende der Stauferherrschaft ging es mit Annweiler bergab. Ludwig der Bayer verpfändete Stadt und Burg an die Kurpfalz. Beides fiel 1410 an das Haus Pfalz-Zweibrücken. In der Folgezeit war die Stadt hauptsächlich damit beschäftigt, ihre Rechte und Privilegien zu verteidigen.

1523 wurde das protestantische Bekenntnis eingeführt. 70 Jahre später nahm die Stadt Glaubensflüchtlinge aus Frankreich auf, Hugenotten und Wallonen, die das Gerber- und Leinenweberhandwerk nach Annweiler brachten, wodurch die Stadt einen gewissen Wohlstand erreichte.

Der Dreißigjährige Krieg (1618-1648) brachte auch Annweiler Plünderung, Armut, Not und Tod. Zehnmal wechselte die Stadt den Besitzer. Oft flüchteten die Einwohner vor der marodierenden Soldateska auf die Burg und in die Wälder. Es folgte die Besetzung durch französische Truppen im Pfälzischen und Spanischen Erbfolgekrieg (1685-1697 und 1701-1714). Nach einer Ruhephase von gerade 80 Jahren stürmten 1794 französische Revolutionstruppen Annweiler. 21 Jahre lang wehte die Trikolore über den Dächern der Stadt. 1816 fiel Annweiler mit der Pfalz an das Königreich Bayern. Mit der konservativen bayerischen Herrschaft war man anfänglich nicht zufrieden. Als Bayernkönig Maximilian II. die Reichsverfassung 1849 ablehnte, brachte dies die Volksseele zum Kochen. Die Pfalz erklärte sich für unabhängig. Doch preußischen Truppen schossen den Aufstand nieder. Das letzte Gefecht, bei dem 19 Freischärler fielen, fand in Rinnthal bei Annweiler statt.

Mit der Eröffnung der Eisenbahnlinie Landau–Zweibrücken 1874/75 erhielt die Trifelsstadt Anschluss an die große weite Welt. Ende des 19. Jahrhunderts entwickelte sich Annweiler zu einer aufstrebenden Industriestadt. Nacheinander entstanden eine Papier- und Maßstabfabrik, ein Emaillier- und Metallwerk sowie eine Papiermühle. Kurz vor dem Ersten Weltkrieg fanden mehr als 1.000 Menschen in den Annweiler Betrieben Beschäftigung.

Der Niederlage im Ersten Weltkrieg folgten französische Besatzung, Separatismus und wirtschaftlicher Niedergang. Große Entbehrungen prägten das Leben in der Stadt. Nach einer Phase der Stabilisierung Ende der 1920er-Jahre wurde jedoch auch Annweiler von der Weltwirtschaftskrise eingeholt. 1932 waren annähernd 25 Prozent der Bevölkerung arbeitslos. Diese wirtschaftliche Not war mit ein Grund für die Ausbreitung radikaler Ideologien. 1933 übernahmen die Nationalsozialisten die Macht, was mit Aufmärschen und Machtdemonstrationen gefeiert wurde. Die Arbeitslosenzahl ging zurück und in der Stadt wurden einige neue Projekte realisiert. Dies überzeugte auch viele Gegner vom Nationalsozialismus.

Der Ausbruch des Zweiten Weltkriegs dämpfte die hoffnungsvollen Erwartungen der Trifelsstadt. Von den Zerstörungen, die der Krieg mit sich brachte, blieb auch Annweiler nicht verschont. Am 29. Dezember 1944 näherte sich ein amerikanischer Fliegerverband der Stadt. Der nun folgende Bombenhagel zerstörte in wenigen Minuten einen Großteil der historischen Altstadt, einschließlich Rathaus und Stadtkirche. Über 100 Tote und noch weit mehr Verletzte waren die erschütternde Bilanz. Am 21. März rollten von Westen her amerikanische Panzer in die Stadt. Ihre Ankunft beendete den Zweiten Weltkrieg für Annweiler. Mitte April lösten französische Besatzungstruppen die Amerikaner ab. Auch die Nachkriegszeit war von Entbehrungen gekennzeichnet. Mit Lebensmittelkarten und Tauschgeschäften versuchte man zu überleben und die Not zu lindern. Mit Hungerrationen von knapp 600 Kalorien täglich war 1946 der Tiefstand der Lebensmittelversorgung erreicht.

Trotzdem musste das Allernotwendigste wieder in Gang gebracht werden. Der Trümmerschutt wurde beseitigt und kleinere Schäden notdürftig repariert. Die Annweilerer wollten wieder ein Dach über dem Kopf haben. Die Währungsreform 1948 schuf endlich die Voraussetzungen für einen wirtschaftlichen Neuanfang und den zielstrebigen Wiederaufbau der Stadt. 1950 erhielt Annweiler sein altes Doppelsiegel von 1230 wieder, das links den Trifels und rechts die romanische Stadtkirche zeigt. Ein wichtiges Zeichen des Neuanfangs. Ein Jahr später konnte schon das neue Rathaus eingeweiht werden, dessen Sitzungssaal Adolf Kessler mit hervorragenden Fresken ausmalte. Im Frühjahr 1952 war der Wiederaufbau der Stadtkirche abgeschlossen. Kurz danach holte man die Glocken ein.

Mit den vom Krieg verschonten, reizvollen Fachwerkhäusern des 17. Jahrhunderts hat sich der Rathausplatz wieder zum schmucken Mittelpunkt der Stadt entwickelt. In seiner unmittelbaren Umgebung findet man verträumte Winkel und romantische Gassen mit traditionellen Gerberhäusern. Das Häuserensemble am Schipkapass mit seinen Mühlrädern an der offen vorbeifließenden Queich gehört zu den schönsten Ortsbildern der Pfalz.

Annweiler hat sich heute zu einem attraktiver Fremdenverkehrsort entwickelt. Seit 1964 ist die Trifelsstadt ein staatlich anerkannter Luftkurort. Ein pittoresker Ort, eingebettet im Queichtal, geprägt von der Burgdreifaltigkeit Trifels, Anebos und Scharfenberg sowie dem Asselstein, dem mächtigen Felsturm, der auch ein beliebtes Ziel für Kletterer ist. Neben dem Fremdenverkehr bilden zahlreiche mittelständige Industrie-, Handwerks- und Handelsbetriebe die wirtschaftliche Basis der Stadt. Die Firma Stabila gilt als weltweit führender Hersteller von Messgeräten. Ein weiteres wichtiges Standbein ist auch die Forstwirtschaft. Seit 1972 ist Annweiler zudem Sitz der Verbandsgemeinde Annweiler, die 13 Gemeinden umfasst.

Annweiler, an der Pforte des Wasgaus und nur einen Steinwurf von der deutschen Weinstraße entfernt, wird auch in Zukunft bemüht sein, die Geschichte und Traditionen der Stadt mit kommenden Aufgaben harmonisch zu verbinden.

1

Straßen und Gebäude

Die Innenstadt von Annweiler wurde durch das Bombardement am 29. Dezember 1944 stark zerstört. Neben dem Rathausgebäude aus dem 19. Jahrhundert und dem Kirchenschiff fielen zahlreiche Fachwerkhäuser dem Bombenhagel zum Opfer. Die meisten entstammten dem 17. und 18. Jahrhundert, als Annweiler noch von einer Stadtmauer umgeben war. Der Wiederaufbau stand unter der Prämisse, den mittelalterlichen Charakter der Innenstadt zu bewahren. Als erstes Projekt wurde die Neugestaltung des Rathausplatzes in Angriff genommen. Ende der 1960er-Jahre begann die Sanierung des Stadtkerns. Statt einer Flächensanierung, die die historisch wertvollen Gebäude, aber auch die über Jahrzehnte entstandenen sozialen Kontakte unwiderruflich zerstört hätte, entschied man sich für eine punktuelle Neuordnung, um das historische Stadtbild zu erhalten. Fachwerkhäuser wurden renoviert, insbesondere das heutige Museum unterm Trifels, der Rathausplatz zu Europas kleinster Fußgängerzone umgestaltet, der denkmalgeschützte Kirchturm saniert, die Reste der Stadtmauer konserviert und ergänzt sowie Gerbergasse, Wassergasse und Schipkapass neu gestaltet. Ein besonders ehrgeiziges Projekt war der Umbau der Stadtmühle zu einem historisch-technischen Demonstrationsobjekt. Durch die Verbannung des Durchgangsverkehrs aus dem Stadtkern und die Umgehungsstraße nach Pirmasens bzw. Landau hat sich die Wohnqualität in der Trifelsstadt weiter verbessert.

Ein Panoramablick auf die Trifelsstadt mit der Burgdreifaltigkeit Trifels (links), Anebos und Münz um 1920. Der Fotograf stand an der Viehdrift, der später asphaltierten Straße zum Turnerheim. Die vordere kleine Straße ist die spätere B 10, dahinter erkennt man die Siedlung in der August-Bebel-Straße, damals billig gebaute Häuser für kinderreiche Familien. Das letzte Haus am linken Bildrand ist das Kurhotel- und Restaurant „Waldfrieden", das damals noch völlig unverbaut war. Auf dem Sattel zwischen Trifels und Anebos wurde 1926 ein dem Dichter Viktor von Scheffel gewidmeter Gedenkstein errichtet. Auf dem neuen Foto sehr gut zu erkennen ist der viereckige Bau des erst 1952 wieder in Betrieb genommenen Krankenhauses, mit der erst kürzlich aufgestockten neuen Dialysestation.

Ein Blick auf den Stadtkern von Nordwesten um 1906. Das damals neue Schulgebäude links hinten im Bild befindet sich noch im Bau, es wurde 1907 eingeweiht. Neben dem Sägewerk im Vordergrund steht die 1429 eingeweihte Kapelle „Zu Unserer Lieben Frau“ mit dem dahinter liegenden Friedhof. Der Friedhof wurde 1569, damals außerhalb der Stadtmauern, angelegt, als infolge der vielen Pestfälle der Friedhof in der Stadt zu klein geworden war. Friedhof und Kapelle existieren noch, die Kapelle mit ihren sehenswerten Fresken wurde erst kürzlich restauriert. Der große Winkelbau in der Mitte ist die ehemalige Stadtmühle, eine Öl- und Getreidemühle, die nach dem großen Mühlensterben 1953 bis auf einen kleinen Rest abgerissen wurde. Das Räderwerk wurde allerdings wieder aufgebaut und ist heute in der Gerbergasse zu sehen.

Die historische Aufnahme von Annweiler entstand um 1930. Im Hintergrund erkennt man das imposante neue Schulgebäude von 1907 und davor die Schlote der Talbrauerei, an deren Stelle heute der Hohenstaufensaal steht. Vor der Talbrauerei stehen das Amtsgericht und das Vermessungsamt, beide haben sich bis heute erhalten. Vor dem Vermessungsamt steht jetzt das moderne Gebäude der Verbandsgemeinde am Messplatz, rechts davon die 1955 eingeweihte Sparkasse. Gut erkennbar ist auch der ehemalige Schlauchturm der Feuerwehr. Im Vordergrund der alten Aufnahme, auf dem Vergleichsfoto jedoch nicht zu sehen, ist die katholische Kirche St. Josef, die zwischen 1866 und 1868 erbaut wurde. Das lang gestreckte Gebäude östlich davon ist die Lateinschule von 1835, die dem Bombenangriff 1944 vollständig zum Opfer fiel.

Das 1840/42 erbaute alte Rathaus, die historische Aufnahme entstand um 1920, wurde am 29. Dezember 1944 durch Fliegerbomben zerstört, ebenso wie ein Drittel der Stadt. 1950 wurde mit dem Wiederaufbau begonnen, bis dahin war die Stadtverwaltung provisorisch im nur teilweise zerstörten Krankenhaus untergebracht. Der neue Bau wurde etwas zurückgesetzt, sodass er sich harmonisch in das Stadtbild einfügt. 1952 versah der Kunstmaler Adolf Kessler die Westwand des neuen Rathaussitzungssaales mit zwei großflächigen Fresken. Das linke zeigt die Verleihung der Rechte einer freien Reichsstadt 1219 durch Kaiser Friedrich II., das rechte hält den Einzug seines Vaters, Kaiser Heinrichs VI., in Palermo/Sizilien fest.

SALEM
Tabak-
waren

Der Bader Georg Wack führte ein „Atelier" für schmerzloses Einsetzen künstlicher Zähne unter Garantie der Bruchsicherheit und Haltbarkeit. Zu seinen Spezialitäten gehörten Zahnoperationen, das Abtöten von Nerven, Plombierungen, Aderlässe und Schröpfköpfe. Die Patienten konnten in seinem Atelier aber auch Tabakwaren und allerlei Gemischtwaren erwerben. Seine erfolgreiche Arbeit im Gesundheitswesen stellte Wack um 1930 ein. Sein Haus wurde im Zweiten Weltkrieg zerstört und nicht wieder aufgebaut, sodass man auf dem heutigen Vergleichsfoto nur noch die Mauer am Rathausplatz und die dahinter liegende Kirche sieht. Die historische Aufnahme entstand im Jahre 1920.

Im Dezember 1944 sank auch die protestantische Pfarrkirche in Schutt und Asche. Die historische Aufnahme zeigt sie im Jahre 1925. Erst 1950 konnte der Grundstein zum Wiederaufbau der Kirche gelegt werden. Sie sollte in ihrer ursprünglichen Größe wieder erbaut werden, mit einem runden Chor, ohne die Empore längs der Südwand, dafür aber mit einer vergrößerten Westempore. 1952 wurde sie unter großer Anteilnahme der Bevölkerung eingeweiht, völlig fertig gestellt war sie allerdings erst 1957. Ihre besondere Prägung erhält die Stadtkirche durch die Farbenpracht der mit biblischen Szenen versehenen Chorfenster, die Glasmaler Erhardt Klonk aus Marburg fertigte.

Der alte Pfarrplatz um 1920. Rechts steht die alte Stadtkirche, die im Zweiten Weltkrieg bis auf den Kirchturm den Bomben zum Opfer fiel, gegenüber das alte Pfarrhaus, das ebenfalls stark beschädigt wurde. Im Hintergrund erkennt man links das Gendarmeriegebäude, das auch zerstört wurde, sowie rechts davon das Diakonissenhaus. Im Dritten Reich befand sich vor dem evangelischen Pfarrhaus die so genannte „kleine Feldherrenhalle", ein monumentales Kriegerdenkmal der Nazis, das ebenfalls ein Opfer der Bomben wurde. Ochsengespanne gehörten in dieser Zeit noch zum Stadtbild, ebenso wie Kinder, die auf dem Pfarrplatz mit Murmeln spielten, weshalb er im Volksmund auch „Klickerstadion" genannt wurde. Den Platz umgeben heute die neue Stadtkirche, das Gemeindehaus und das wieder aufgebaute evangelische Pfarrhaus.

Eine Häusergruppe in der Altenstraße / Ecke Georg-Staab-Straße um 1950 und heute ist typisch für das Stadtbild innerhalb der ehemaligen Stadtmauern von Annweiler. Die Georg-Staab-Straße wurde nach dem gleichnamigen Auswanderer benannt, der in den Notjahren nach dem Ersten Weltkrieg der Bevölkerung mit materieller Hilfe aus Amerika zur Seite stand. Die Pflastersteine wichen einem Straßenbelag aus Asphalt, das Fachwerk bleibt damals wie heute im Verborgenen, die Häuser sind erhalten geblieben, durch die Renovierung wurde ihre Attraktivität jedoch wesentlich gesteigert. Auf den Flächen im Hintergrund, die früher landwirtschaftlich genutzt wurden, wachsen heute Bäume und Büsche. Trotz der grünen Umgebung könnte sich eine Begrünung in der Altenstraße als sehr attraktiv erweisen.

Waren die Brötchen zu klein, der Wein verwässert oder gab sich jemand gar Lästereien hin, wurde er an den Pranger gestellt. Daher heißt dieser Innenhof Prangertshof. Den „Sündern“ wurde ein Holzbrett um den Hals gelegt und sie mussten sich hier einen Tag lang dem Spott der Bevölkerung aussetzen. Die Pranger-Strafe zählte im Mittelalter zur so genannten niederen Gerichtsbarkeit, die sich mit der Verfolgung von kleineren Delikten befasste. Im Gegensatz dazu stand

die hohe Gerichtsbarkeit, die sich mit Mord, Raub oder Landfriedensbruch beschäftigte. Im hinteren Haus wohnten bis nach dem Krieg drei Gerberfamilien in sehr kleinen Wohnungen, die alle nur über eine gemeinsame Treppe zu erreichen waren. Lohgruben für die Gerberei und Grundwassergruben im Keller zum Tränken des Viehs und Trockenhalten der Häuser gehörten zur Grundausstattung der Gebäude. Die alte Aufnahme stammt aus dem Jahre 1935. Heute ist der Prangertshof ein malerisches Plätzchen, das gerne fotografiert wird.

Das Gasthaus „Zum Storchentor“ in der Altenstraße ist das älteste Gasthaus in Annweiler, hier ist es um 1920 aufgenommen. Seine Geschichte geht bis ins Mittelalter zurück. Zwischen 1682 und 1735 hieß es „Zum grünen Baum“, davor und danach immer „Storchentor“. Der Name leitet sich von einem Storchennnest ab, das lange auf dem Dach des Hauses war und für dessen Erhalt die Stadt jährlich zwei Gulden bezahlte. Nach dem gleichen Nest war auch das Storchentor in der Stadtmauer benannt, in dessen ummittelbarer Nähe das Gasthaus stand. Das Haus, das mittlerweile unter Denkmalschutz steht, wurde in den Neunzigerjahren vollständig renoviert und beherbergt heute eine griechische Gaststätte.

Ab 1907 konnte die Sanitätskolonne Annweiler den Schulsaal in der Altenstraße nutzen, nachdem das neue Schulhaus eingeweiht war. Auf diese neue Nutzung weist die Fahne mit dem roten Kreuz auf weißem Grund auf dem Foto von 1908 hin. Die Sanitätskolonne, später Rotes Kreuz, wurde 1903 gegründet und verfügte bei ihrer Gründung über „sechs Tragen, 12 Tragegurte, 37 Tuchröcke und 12 Stricke zum improvisieren". Die Zeit im 1833 erbauten Schulhaus war für das Rote Kreuz 1910 schon wieder vorbei. Das Gebäude fungierte danach als Milchsammelstelle und nach dem Zweiten Weltkrieg als Berufsschule. Heute wird es als Wohnhaus genutzt. Am Gebäude davor hängt eine Gedenktafel zu Ehren des Wohltäters der Stadt Wilhelm Loewe.

Ein Blick in die Altenstraße von Westen um 1908. Links sieht man das traditionelle Gasthaus „Zum Storchentor" am früheren Kornmarkt, an dem die westliche Stadtmauer stand. 1794 wurde hier eine kleine Pforte erweitert, um durch das so entstandene „Storchentor" auch Fuhrwerken Einlass in die Stadt gewähren zu können. Das große Gebäude dahinter ist das ehemalige Schulhaus, das zu dieser Zeit nicht mehr als Schule, sondern von der Sanitätskolonne bzw. ab 1910 als Milchsammelstelle genutzt wurde. Ochsengespanne gehörten damals genauso zum Stadtbild wie heute die zahlreichen Autos. Die Altenstraße lädt durch das gastronomische Angebot und Geschäfte zum Bummeln und Verweilen ein.

Ein Panoramablick auf Annweiler West und den Asselstein im Jahre 1936 verdeutlicht aus einer anderen Perspektive noch einmal die großen, baulichen Veränderungen, die in Annweiler stattgefunden haben. Vor allem im Bindersbacher Tal, links im Bild, das mittlerweile völlig von Wald umgeben ist, erkennt man das Fortschreiten der Bewaldung, von der nur wenige landwirtschaftliche Flächen ausgenommen sind. Von der Nachtweide, rechts, die früher dazu genutzt wurde, Tiere und Fuhrwerke über Nacht abzustellen, über das 1928 gebaute Schwimmbad, bis zum 1951 eingeweihten Kreiskrankenhaus haben die ungefähr 70 Jahre, die zwischen den Bildern liegen, einen enormen Wandel mit sich gebracht.

Wie sehr sich Annweiler baulich verändert hat, zeigen diese Aufnahmen des westlichen Ortsteils aus den Jahren 1936 und 2003. Das aus dem Jahr 1928 stammende, einzelne Haus im Hintergrund – in der heutigen Nachtweide – wurde 1928 errichtet, die Bewohner mussten damals auf Strom und Wasser verzichten. Die Reihenhäuser in der August-Bebel-Straße im Vordergrund bildeten eine Arbeitersiedlung, die im Rahmen des 1920 begonnenen Heimstättenbaus der Stadt entstand. Unter dem Druck hoher Arbeitslosigkeit, mit Darlehen und Bürgschaften ermöglichte die Stadt Bauwilligen, in diesem Falle kinderreichen Familien, ein eigenes Haus zu errichten. Die Flächen, die heute bebaut sind, wurden damals noch intensiv landwirtschaftlich genutzt.

Ein privates Anwesen in der Saarlandstraße, gegenüber des Prof.-Nägele-Platzes, aufgenommen um 1930 und heute, zeigt sehr anschaulich, wie wenig sich an manchen Stellen innerhalb vieler Jahren verändert hat. Die Straßen sind moderner geworden, die alten Kastanienbäume sind verschwunden, ansonsten hat das schöne Gebäude auch nach der Renovierung seinen Charme bewahrt. Nach dem Krieg bewohnte der ehemalige Kapellmeister der Oper Zwickau das Anwesen. Er gab Konzerte auf dem Trifels, dirigierte das Pfalzorchester und brachte vielen zitternden Schülern die richtigen Töne bei. In dem Gebäude sind heute Arztpraxen untergebracht.

Das Hotel „Rehberg" in der Zweibrücker Straße um 1900. Es wurde 1765 erbaut und nach der höchsten Felsformation benannt, dem Rehberg mit 576 Metern. Das Hotel mit seiner gutbürgerlichen Gastronomie war recht bekannt im Ort, beliebt waren vor allem die vielen Gartenfeste. Es war auch ein gern genutzter Treffpunkt für die Vereine, von denen es mindestens dreißig in Annweiler gab. Unter anderem wurde hier 1949 der Verkehrsverein gegründet. Das Hotel wurde kurz danach abgerissen. Heute präsentiert sich die Zweibrücker Straße auf Grund des Durchgangsverkehrs trotz der entlastenden Umgehung weniger idyllisch.

Der Flitschberg, eine der ältesten Straßen Annweilers, um 1930 von der Ecke Hauptstraße her gesehen. Die Stadt war bereits seit dem frühen Mittelalter gepflastert. Interessant sind die Kellereingänge außen an den Häusern, die die einzigen Zugänge zu den Kellern waren. Vorne rechts sieht man das Textilgeschäft Christmann, in dem heute ein Reformhaus untergebracht ist. Gegenüber war das Herrenbekleidungshaus Haberer und dahinter die Metzgerei Schalck. Seit den Achtzigerjahren ist in diesem Gebäude das Gasthaus „Zum Reiwerle“ ansässig, das sich mit historischen Räumlichkeiten, wie dem gemütlich ausgebauten Keller, und durch gute Küche einen Namen gemacht hat.

Die kleine Kapelle am Friedhof in der Zweibrückerstraße wurde in der ersten Hälfte des 15. Jahrhunderts zu Ehren „Unserer Lieben Frau“ erbaut und auch nach ihr benannt. Die historische Aufnahme zeigt sie um 1920. Während der französischen Revolution wurde das kleine Gotteshaus als Pulvermagazin und später, bis 1927, als Lagerraum für Gerümpel missbraucht. 1927 kam es in den Besitz der protestantischen Kirche und diente nach dem verheerenden Bombenangriff auf Annweiler 1944 bis zum Wiederaufbau der Stadtkirche als Gotteshaus. 1999 gründete sich ein Verein zur Rettung der Kapelle, in der sich einmalige Secco-Fresken aus der Zeit ihrer Entstehung erhalten haben. Die Renovierungsarbeiten werden in Kürze beendet sein. Die Kapelle soll künftig als Ort für kulturelle Veranstaltungen dienen.

Im Gegensatz zur evangelischen Stadtkirche erlitt die katholische Kirche St. Joseph – die Aufnahme entstand um 1920 – keinerlei Schäden, mit Ausnahme der Glocken, die abgeliefert werden mussten. 1954 begannen umfangreiche Renovierungsarbeiten. Neben Dach und Kirchendecke wurde auch das Innere neu gestaltet, wie auf der neuen Aufnahme gut zu sehen ist. Der Hochaltar und die beiden Seitenaltäre wurden durch einfachere ersetzt. 1956 versah der Kunstmaler Adolf Kessler die Ostwand des Kirchenschiffes mit Fresken, die letzten eines stadtgeschichtlichen Zyklus', zu dem auch die Malereien im Hohenstaufensaal und im Rathaussaal gehören. Links sieht man den Aufbruch zum zweiten Kreuzzug 1146, rechts eine Wallfahrt zur Königskapelle des Trifels.

Das Distriktskrankenhaus im Ersten Weltkrieg und das neu gebaute Kreiskrankenhaus heute. Ersteres stand im ehemaligen Spitalgarten zwischen der verlängerten Flitschbergstraße und der ehemaligen Distriktstraße nach Bad Bergzabern und wurde 1928 in Kreiskrankenhaus umbenannt. Im Ersten Weltkrieg diente es als Lazarett. Im Zweiten Weltkrieg wurde es zerbombt, sodass der Krankenhausbetrieb viele Jahre nach Bindersbach in das dortige Ludwigshafener Erholungsheim ausgegliedert werden musste. 1951 wurde das neue Kreiskrankenhaus eingeweiht. Seitdem wurde es stets erweitert und modernisiert, z.B. im Jahre 2002 durch eine neue Dialysestation, und ist für die Bevölkerung unentbehrlich geworden ist.

Die Bahnhofstraße am Prof.-Naegele-Platz um 1910. Die katholische St.-Joseph-Kirche wurde im Gegensatz zur protestantischen Stadtkirche im Zweiten Weltkrieg nicht beschädigt, lediglich die Glocken mussten zu militärischen Zwecken abgeliefert werden. 1954 wurde St. Joseph renoviert und im Inneren neu gestaltet. Das aktuelle Foto zeigt, dass die Wohnhäuser neben der Kirche heute noch stehen und verschiedene Einzelhandelsgeschäfte beherbergen.

Vor dem Elektrizitätswerk in der Bahnhofstraße steht das 1930/31 erbaute Postamt, gleich rechts im Bild. Waren es erst Reiter, die die Post beförderten, gab es ab 1900 einen Poststall in Annweiler, den ab 1925 die Postautolinie Annweiler–Vorderweidenthal ersetzte. 1933 wurde eine Landkraftpostlinie eröffnet. Rechts neben der Kirche auf der alten Aufnahme steht das Elektrizitätswerk, in dem bis 1902 mit Dampfmaschinen und Batterien Strom erzeugt wurde. Faszinierend für die Kinder der damaligen Zeit, die sich die Nasen an den Kellerfenstern platt drückten, waren die großen Gläser mit den Bleiplatten, die den Strom speicherten.

Tore und Türme der alten Stadtmauer wurden 1820 auf Abbruch versteigert. Das Wachtgelass „Ewiger Vest“ an der Queich, schräg gegenüber der St.-Joseph-Kirche, blieb jedoch stehen und hat sich bis heute, abgesehen von notwendigen Renovierungen, kaum verändert. Jahrhunderte war es im Besitz der Familie Schramm, die es 1963 an die Stadt verkaufte. Der Doppeladler der freien Reichsstadt und das herzoglich-zweibrückische Wappen mit der Jahreszahl 1492 schmücken das schießschartenbewerte, rundturmartige Anwesen. Es wird heute privat genutzt und ist der Öffentlichkeit nicht zugänglich. Die alte Aufnahme stammt aus dem Jahre 1920.

In den Jahren nach dem Ersten Weltkrieg galt der Dank vieler Annweilerer dem Auswanderer Wilhelm Löwe, der sie in diesen schweren Jahren aus New York unterstützte. 1921 verlieh ihm die Stadt das Ehrenbürgerrecht. Das von ihm gestiftete Denkmal, auf dem alten Foto 1925 aufgenommen, mit der Inschrift „Nie wieder Krieg“ wurde im Mai 1922 enthüllt. Der Platz erhielt den Namen des Spenders. Elf Jahre später wurde es von den Nationalsozialisten als Symbol nationaler Dekadenz beseitigt. Bis Ende des Zweiten Weltkriegs wurde der Platz nach Horst Wessel, Komponist nationalsozialistischer Propaganda-Lieder, benannt. Heute heißt er Prof.-Nägele-Platz, nach einem ehemaligen Lateinschüler der Stadt und späterem Rektor der Prager Universität.

Das historische Foto der Wassergasse entstand um 1900. Im Hintergrund erkennt man die ehemalige städtische Getreide- und Ölmühle. Die ersten Aufzeichnungen über die Mühle stammen aus dem 15. Jahrhundert. Das Gebäude ist zum Teil heute noch erhalten, das funktionierende imposante Räderwerk und die riesigen Mühlsteine können in der Gerbergasse besichtigt werden. Rechts vorne sieht man das Haus einer Wagnerei und Schreinerei. Das Queichufer wurde zu dieser Zeit repariert, man errichtete Spundwände, um den Flusslauf zu befestigen. Die Häuser in der Wassergasse stehen alle noch und sind liebevoll restauriert, das Fachwerk wurde freigelegt. Das Museum unterm Trifels, Gastronomie und verschiedene Geschäfte sorgen für eine hohe Attraktivität dieses Gässchens.

Die Wassergasse um 1900, im Hintergrund erkennt man die Schlote der Talbrauerei. In drei historischen Gebäuden am Wasserrad der ehemaligen Lohmühle am Schipkapass ist heute das Museum unterm Trifels untergebracht. Auf 800 Quadratmetern Ausstellungsfläche durchläuft der Besucher chronologisch die Historie der Burg Trifels, die Entwicklung der Stadt Annweiler sowie Aspekte der Landschaftsgeschichte. Eine Gerberwerkstatt ist ebenfalls zu besichtigen. Die Gerber, von denen viele in der Wassergasse wohnten, waren in Annweiler in der frühen Neuzeit eine bedeutende Zunft. Mitte des 19. Jahrhunderts gab es zwölf Gerbereien in der Stadt. Viele Gerberzeichen zieren noch heute die liebevoll restaurierten Fachwerkhäuser, die das Gässchen zu einem Schmuckstück machen.

Ein Teil der alten Stadtmauer – eher zufällig nicht dem Abbruch anheim gefallen – am Schipkapass, dem östlichen Ende der Wassergasse. Als Schipkapass wird der kleine Durchgang auf der rechten Bildseite bezeichnet, der sich zwischen 1929 und heute nicht verändert hat. Woher der Name kommt, ist nicht eindeutig belegt. In einem der angrenzenden Häuschen wohnte der „alte Welsch", ein fantasievoller Geschichtenerzähler und Liebhaber historischer Kampfhandlungen. Im russisch-türkischen Krieg 1877/78 spielte ein schmaler, hochgelegener Karpatenpass, der Schipkapass, eine strategisch wichtige Rolle. Möglicherweise ist der Annweiler Schipkapass durch die Erzählungen des „alten Welsch" nach diesem Gebirgsübergang benannt. Heute ist der Schipkapass, an dem auch das Museum unterm Trifels liegt, eines der malerischsten Plätzchen in Annweiler. Im Wohnhaus rechts befindet sich die „Ratsstube zum Schipkapass", die gutbürgerliche Küche serviert.

Diese beiden Aufnahmen von 1930 und heute sind ein gutes Beispiel für einen wirklich gewaltigen Zeitsprung. Einzig der Blick auf den Trifels ist gleich geblieben. Wo einst Einfamilienhäuser mit großen Grundstücken standen, befindet sich heute das 1985 gebaute Parkdeck oberhalb der Sparkasse, mit moderner Beleuchtung und asphaltiertem Untergrund. Auch Ortskundige werden wohl eine Weile benötigen, um den Zusammenhang zwischen diesen beiden Fotos herstellen zu können.

In diesem Holzturm, dem so genannten Schlauchturm, wurden früher die leinernen Schläuche der gegenüber gelegenen Feuerwehr mit einer Winde hochgezogen und getrocknet. Um 1960 wurde er abgerissen, nachdem 1958 das neue Feuerwehr-Gebäude in der Landauer Straße eingeweiht worden war. Auf der historischen Aufnahme ist er um 1920 zu sehen. Der Messplatz dient heute, mit Ausnahme der jährlichen „Kerwe", als Parkplatz. Die Wohnhäuser hinter dem Schlauchturm und links davon existieren noch. Im Gebäude links findet man heute einen Döner Imbiss, das Gebäude rechts vom Schlauchturm wurde abgerissen.

Der Eingang zum Hotel „Schwan“ am Messplatz um die Jahrhundertwende, als die Queich noch offen war. Der Weg zum Hotel führte an einem Fachwerkhaus und der rechts davon liegenden Turnhalle vorbei. Das früher sehr bekannte und beliebte Hotel „Schwan“ in der Hauptstraße war für damalige Verhältnisse sehr luxuriös ausgestattet, mit Restaurant, Gartenanlagen, Wagen für Ausflüge, elektrischem Licht, Badezimmern und Telefon (Telefonnummer 9). Ein Musikpavillon, in dem viel beachtete Standkonzerte stattfanden, stand ebenfalls auf dem Gelände. An Stelle der Gebäude steht heute der moderne Bau der Sparkasse am Messplatz. Die Queich ist überbrückt. In jüngster Zeit gibt es Bestrebungen, zur Verschönerung des Stadtbildes die Queich in diesem Bereich wieder zu öffnen.

Die Ecke Haupt- und Burgstraße um 1910. Zu dieser Zeit gab es viele Pumpbrunnen in der Stadt, die die Wasserversorgung der Einwohner sicherstellen. Problematisch war oft die unmittelbare Nähe von Dunggruben zu den Brunnen. Dieser Missstand wurde zu Beginn des 20. Jahrhunderts mit dem Bau einer Wasserleitung und der städtischen Kanalisation behoben. Heute gehört die Hauptstraße mit verschiedenen gastronomischen Betrieben und attraktiven Einzelhandelsgeschäften zum Einkaufszentrum Annweilers. Dass ein Fotograf in der Stadt etwas Besonderes war, ist deutlich an der Haltung der Menschen auf dem historischen Foto zu erkennen.

Mit einem riesigen Volksfest feierten die Annweilerer die Eröffnung des Bahnhofs im Jahre 1874. Ein im wahrsten Sinne des Wortes bahnbrechendes Ereignis, das Annweiler das „Tor zur Welt“ öffnete. Ein Billett für die Fahrt von Landau nach Annweiler kostete damals 17 Kreuzer (das entspricht etwa 23 Cent). Die großen Fabriken schlugen eine gewaltige Menge an Gütern im Bahnhof um. Bis 1960 war die Strecke sogar Teil der Schnellzugstrecke Saarbrücken–München. Bei Ausbruch des Ersten Weltkriegs bewachte die Bahnwacht, die ihr Wachlokal praktischerweise im Nebenzimmer der Bahnhofsgaststätte „Zum Feldwebel“ hatte, die Bahnstrecke. Das Gebäude ist vollständig erhalten geblieben, bis auf den Geräteschuppen, der auf dem um 1900 aufgenommenen Foto noch zu sehen ist. Der Bahnhof gewinnt nach Jahren des Dornröschenschlafs an der seit dem Krieg eingleisigen Strecke dank der Touristen und der Berufspendler wieder eine neue Bedeutung. Die gründliche Renovierung der jüngsten Zeit und der Einzug einer neuen Gastronomie tragen zu seiner Attraktivität bei.

Die Dampflok „Annweiler“ im Bahnhof der Trifelsstadt im Jahre 1890. Stolz präsentiert sich das Bahnhofspersonal einschließlich Lokomotivführer. Die Güterzuglok der Gattung G 2.1 mit der Lok-Nummer 140 wurde von der Firma Maffei 1875 gebaut und mit der Nummer 1019 registriert. Am 8. Juni 1922 wurde sie ausgemustert. Heute sind solche Dampfloks durch moderne Personenzüge ersetzt. Außer dem Zugführer gibt es kein Personal mehr an Bord. Auch im Bahnhof ist es ruhig geworden. Fahrkarten kauft man an einem Automaten.

Die 1875 erbaute Gaststätte „Zum Bahnhof“ in den Zwanzigerjahren. Sie wurde vor ungefähr zehn Jahren komplett renoviert. Obwohl sie direkt gegenüber der „echten“ Bahnhofsgaststätte lag, lohnte sich der Betrieb, da damals reger Reiseverkehr herrschte. Seit 1971 gehört die Gaststätte der Familie Störtz, die sie wegen der vielen Anfragen über Ankunfts- und Abfahrtszeiten von Zügen kurzerhand in „Speisegaststätte der Familie Störtz“ umbenannte. Sie ist eine beliebte Gaststätte bei den Annweileren, da hier noch so traditionsreiche Gerichte wie „Grumbeerstampes“ oder frische „ Kohlräbelcher“ auf den Tisch kommen. Die Kastanienbäume mussten vor dreißig Jahren leider weichen, weil sich ihre starken Wurzeln bereits an den Fundamenten des Hauses zu schaffen machten. Der Biergarten existiert jedoch noch.

Die Straße Am Kabig, am Nordring Annweilers in Höhe des Bahnhof gelegen, um 1920. Um die Jahrhundertwende erwarb Gustav Ullrich, der Gründer der Ullrichschen Werke, das Gelände „Am Kabig“, auf dem ursprünglich die Kabigmühle oder Bernsbachermühle, eine Mahl- und eine Sägemühle standen. Die Häuser, die heute noch existieren, ließ er als Werkswohnungen für seine Werksleiter bauen. Der Blick war noch unverstellt, die Felder hinter den Häusern sind mittlerweile längst zugewachsen. Die Baukräne deuten darauf hin, dass es diesen Blick nicht mehr lange geben wird.

Das Amtsgericht an der Saarlandstraße mit dem dahinterliegenden Gefängnis wurde im Jahre 1900 erbaut und bezogen, nachdem das alte Amtsgerichtsgebäude am Flitschberg aufgelöst worden war. Die Aufnahme entstand 1920. 1966 wurde dieses Amtsgericht aufgelöst. Der letzte Amtsrichter war Hermann Clemens, der sich nicht nur als Richter, sondern auch als Künstler einen Namen machte. Eine Straße in Annweiler ist nach ihm benannt. Heute sind in dem fast unveränderten Gebäudekomplex die Stadtwerke, die Polizei und das Arbeitsamt untergebracht.

Ein Wohnhaus am Beginn der Landauerstraße um 1930. In der Substanz hat sich das Gebäude, wie der Vergleich zeigt, nicht verändert. Torbogen und Fenstergewände treten durch die Renovierung sehr schön hervor, den etwas düsteren Eindruck, den die alte Aufnahme macht, hebt der weiße Anstrich auf. Die Pferdeäpfel auf dem Pflaster zeigen, dass zu dieser Zeit mehr Ochsen- und Pferdegespanne als Autos unterwegs waren. Da die Landwirtschaft in dieser Gegend überaus mühselig war und wenig Gewinn abwarf, war zur damaligen Zeit sicher kein Geld für aufwändige Renovierungen vorhanden.

Die Talbrauerei an der Ecke Saarland- und Landauerstraße um 1900. Zu dieser Zeit gab es in Annweiler vier Brauereien. Die Talbrauerei existierte von 1880 bis 1912 und wurde dann abgerissen. Mit einem Kostenaufwand von 160.000 Reichsmark wurde an gleicher Stelle 1936/37 der Hohenstaufensaal gebaut. Nach dem Willen der Nationalsozialisten sollte, gerade auch im Zusammenhang mit dem Ausbau des Trifels, ein großer Versammlungssaal in der Stadt geschaffen werden. 1937 bildete die Einweihung des Hohenstaufensaales einen Höhepunkt der Heimattage. Der Godramsteiner Kunstmaler Adolf Kessler versah den Saal mit fünf monumentalen Fresken aus dem Hohenstaufenzyklus. Der Saal mit der Stadtschänke wird heute für unterschiedlichste Veranstaltungen genutzt.

Die ehemalige Villa Berthold um 1950. Wegen des verwendeten Baumaterials wurde sie auch Holzvilla genannt. Sie stand, umgeben von einem Park, auf dem Gelände des heutigen Ambert Parks, der nach der französischen Partnerstadt Annweilers benannt ist. Die aufwändig und feudal gebaute Villa gehörte Olga Berthold, einer Verwandten der Ullrichs, die die gleichnamigen Werke leiteten. Einrichtung und Personal der Villa zeugten von Wohlstand, für die Angestellten galten jedoch strenge Regeln. Ein Bediensteter, der beim Durchqueren des damals nicht öffentlichen Parks eine Birne vom Boden aufhob, wurde streng ins Verhör genommen. Die Villa wurde in den Achtzigerjahren abgerissen, der Ambert Park ist heute jedem zugänglich. Teile der sehr schönen Holzvertäfelung sind noch im Museum unterm Trifels zu besichtigen.

Welch unglaublicher Wandel sich in Annweiler in den letzten hundert Jahren vollzogen hat, lässt sich an diesem Bildpaar, das die Landauerstraße zeigt, gut erkennen. Die historische Aufnahme entstand um 1900. Einst war sie nicht mehr als ein breiterer Feldweg, an dem auf der einen Seite einsam das Gasthaus „Pfälzer Hof" stand und gegenüber die um die Jahrhundertwende gebaute Arbeitersiedlung der Ullrischen Werke. Die Straße war lange eine viel genutzte Durchgangsstraße nach Landau. Das hohe Verkehrsaufkommen machte eine Umgehung notwendig, die aber heute auch schon nicht mehr ausreicht. Die Bebauung zieht sich zu Beginn des 21. Jahrhunderts bis weit hinter den „Pfälzer Hof", der den Wandel der Zeiten mit einigen Renovierungen gut überstanden hat.

Auch wenn es 1862 noch hieß: „Die Reben des Annweiler Tales erzeugen gute, namentlich rote Weine“, befand sich dieser Erwerbszweig gegen Ende des 19. Jahrhunderts im Niedergang. Gustav Ullrich fand daher 1890 ideale Standortbedingungen, insbesondere ausreichend Arbeitskräfte, für die Gründung seiner Meterwarenfabrik vor. Bald reichten die ortsansässigen Arbeitskräfte nicht mehr aus, sodass 1897 die Meterwarenfabrik und die später gegründeten Emaillier- und Stanzwerke Ullrich Arbeiter aus dem bayrisch-böhmischen Grenzgebiet holten.

Um die gegen Ende des 19. Jahrhunderts nach Annweiler geholten Arbeiter unterzubringen, bauten die Ullrichschen Werke außerhalb der Stadt auf firmeneigenem Grund eine für damalige Verhältnisse mustergültige Siedlung. Um 1900 wurden die Blöcke A bis C gebaut, 1910 wurden die letzten Gebäude, die Blöcke H bis K, fertig gestellt. Damit war die Siedlung, die etwa hundert Wohneinheiten umfasste, komplett. Mit einer gründlichen Sanierung in jüngster Zeit wird versucht, dem ehemaligen „Arbeiterheim" ein neues Gesicht zu geben. Die damals gänzlich auf der grünen Wiese stehenden Arbeiterhäuser sind heute in das Wohn- und Industriegebiet integriert.

Der jüdische Friedhof an der Ecke Industriestraße und Burgenring um 1932. Er ist einer der ältesten und am besten erhaltenen Friedhöfe aus dem 16. Jahrhundert in der Pfalz. Er war ein Verbandsfriedhof, das heißt, dass Juden aus einem weiten Umkreis gegen ein Entgeld an die Stadt hier bestattet wurden. Da während der Nazi-Diktatur die meisten Personenstandsregister vernichtet wurden, bezeugen oft nur noch die Grabsteine, die nach jüdischem Glauben nicht verändert werden dürfen, die Lebensdaten der hier Begrabenen. Der Friedhof hat sich bis heute unverändert erhalten, nur die Vegetation zeigt den Zeitsprung. Der ehemals freie Blick auf das damals noch allein stehende Arbeiterheim ist nicht mehr möglich. Auch direkt unterhalb des damals noch sichtbaren Zaunes stehen Gewerbebetriebe.

Was heute als gepflegte Straße mit Einfamilienhäusern erscheint, war 1937 ganz anders geplant. Am östlichen Stadtrand in der Gustav-Ullrich-Straße entstand in jenem Jahr unter dem Motto „Stadtrandsiedlung Annweiler, dass wir bauen, verdanken wir dem Führer“ eine neue Siedlungskolonie mit zwanzig Häusern. Fördermaßnahmen der Nazi-Regierung ermöglichten es Arbeitern und Siedlern, Häuser im Eigenbau in Billigbauweise zu errichten. So entstanden zwanzig exakt gleiche Häuser, ein Luxus, den sich damals kein Arbeiter leisten konnte und vor Ort sicher mit ein Grund, den Versprechungen des menschenverachtenden Regimes zu glauben.

Die abgebildete Postkarte zeigt einen Blick auf die neue Volksschule um 1910. Im Hintergrund sieht man die Schlote der Ullrichschen Werke. Zur Zeit seiner Einweihung im Jahre 1907 galt das ganz in Sandstein erbaute Gebäude als schönstes Schulhaus der Pfalz. Der Neubau ermöglichte wieder einen reibungslosen Schulbetrieb, denn das alte Schulhaus in der Altenstraße war längst zu klein geworden. In zwei Weltkriegen zweckentfremdet, konnte der Schulbetrieb nach dem Zweiten Weltkrieg 1945 wieder aufgenommen werden. In dem Gebäude ist heute die Grundschule der Stadt Annweiler untergebracht. Bäume und Wohnhäuser versperren heute den gleichen Blick auf den Ostteil der Stadt.

Wie ein Dornröschenschloss stand das Kurhotel und Café „Waldfrieden“ in der Waldfriedenstraße in völlig unverbauter Lage. Es wurde ursprünglich 1908 als vornehmes Café, Pension und Ausflugslokal gebaut und von drei Damen, Mutter und zwei Töchtern, betrieben. Es war lange Zeit das einzige Gebäude in diesem Gebiet. Im Dritten Reich wurde es zur Gebietsführerschule der Hitlerjugend umgewandelt, seit Kriegsende wird es nur noch privat genutzt. Heute ist die gesamte Waldfriedenstraße in der Nähe des Schwanenweihers bebaut, trotzdem ist die „Villa Waldfrieden“ noch von weither zu sehen.

Die Aufnahme von 1938 zeigt die Ludwig-Siebert-Anlage im Bindersbacher Tal, die nach dem damaligen bayrischen Ministerpräsidenten (12.4.1933-1.11.1944) benannt wurde. Ihre Einrichtung war dazu gedacht, den Fremdenverkehr anzukurbeln, Arbeitslose zu beschäftigen und den Aufschwung, den die nationalsozialistische Regierung propagierte, zu demonstrieren. Die Erholungsanlage verfügte über einen Kurgarten, einen Musikpavillon, eine Eisbude und Tennisplätze. In den Hungerjahren nach dem Krieg ließ man das Wasser aus dem Teich ab und baute Kartoffeln und Gemüse an. 1949 wurde der Park in Markward-Anlage umbenannt, nach dem Reichstruchsess Markward von Annweiler. Abgesehen von kleinen baulichen Veränderungen und der Einführung sportlicher Angebote ist die Anlage fast dieselbe geblieben. Das gastronomische Angebot in Form eines Cafés am Schwanenweiher und einer Gaststätte direkt an der Anlage hat sich allerdings vergrößert. Annweilerer und Gäste nutzen die Markward-Anlage gerne, um sich hier zu erholen. Einmal im Jahr, im August, findet auf dem Weiher das fast schon berühmte Saumuldenrennen statt.

Um 1920 bot die Gaststätte „Jakobslust“ von Jabob Weiß direkt am Schwanenweiher Gelegenheit, sich beim sonntäglichen Spaziergang ein Eis, Getränke oder einen kleinen Imbiss zu gönnen. Was klein, eher als Kiosk anfing, hat sich zu einem ansehnlichen Gasthof mit gutbürgerlicher Küche entwickelt, an dem heute unter anderem Busse mit Gästen der Stadt Halt machen.

Das Ludwigshafener Erholungsheim für Mitarbeiter und Pensionäre der Stadt Ludwigshafen wurde 1911 am Ende des Bindersbacher Tales gebaut. Die alte Aufnahme stammt aus dem Jahre 1915. 1944 stand das Haus zunächst der Lungenheilstätte Ludwigshafen zur Verfügung. Wegen der Bombardierung des Annweilerer Stadtkerns wurden aber sehr schnell das Krankenhaus und die Entbindungsstation darin untergebracht. 1952 war das Haus wieder in Stand gesetzt und bekam den Namen Kurhaus Trifels.

Das Kurhaus Trifels wurde 1968 unter Kulturdenkmalschutz gestellt. Seit 1998 ist es, nach umfangreichen Renovierungen, eine Fortbildungs- und Stressbewältigungsstätte für Polizeibeamte. Das dem Land Rheinland-Pfalz gehörende Gebäude steht aber auch Gästen als Hotel mit Tagungs- und Seminarräumen sowie einer Erlebnisgastronomie offen.

An Pfingsten 1928 wurde das Jugendheim des Pfälzer Turnerbundes auf dem Wingertsberg eingeweiht. Die historische Aufnahme zeigt es 1935. An die 40.000 Turnerinnen und Turner kamen damals mit Sonderzügen, Bussen und Lastwagen in die Trifelsstadt, um das Gebäude seiner Bestimmung zu übergeben. Nach Auflösung der Sportbünde im Dritten Reich wurde das Turnerheim in eine Gauführerschule umfunktioniert. Durch ständige Ausbau- und Erweiterungsmaßnahmen verfügt das Turnerheim heute über 120 Betten. Es steht sowohl für Aus- und Fortbildungen aller pfälzischen Fachverbände sowie des Sportbundes Pfalz zur Verfügung, als auch für internationale Jugendbegegnungen, Jugendfreizeiten und Landschulheimaufenthalte für Schulklassen aus dem ganzen Bundesgebiet. Der Wingertsberg bietet einen wunderbaren Blick über Annweiler.

Auf dem Ebertsberg in Annweiler wurde 1922 ein Blockhaus errichtet, das später in ein Steinhaus umgewandelt wurde, und das man 1927, die alte Aufnahme stammt aus dieser Zeit, als Naturfreundehaus der Ortsgruppe Annweiler einweihte. Gleich nach der Machtergreifung Hitlers wurden die Naturfreunde verboten. Das Haus requirierte man für die nationalsozialistische Jugendorganisation „Bund Deutscher Mädchen". Es brannte 1939 unter mysteriösen Umständen ab. Erst 1951 wurde wieder mit dem Bau eines Naturfreundehauses begonnen, allerdings auf dem Sonnenberg. Anstelle des alten Naturfreundehauses steht heute die Willi-Achtermann-Schutzhütte.

Die Holzplatzschleuse an der Zweibrückerstraße um 1900 und heute. An dieser Stelle zweigt der Pfortenbach (links) von der Queich ab. Annweiler besaß bis 1928 kein „richtiges" Schwimmbad. Daher wurde diese Stelle innerhalb des städtischen Holzhofes ab 1875 von Jung und Alt gerne als Bademöglichkeit genutzt. Auch viele Sommerfeste fanden hier statt. Die Schleuse diente der Beförderung des Holzes aus dem Bürgerwald – die Queich war einer der wichtigsten Wasserwege für die Flößerei zum Rhein –, als Hochwasserschutz und zum Betreiben der Mühlräder. Der Blick auf die Burgdreifaltigkeit ist heute leider versperrt, durch Bebauung und moderne Gestaltung wirkt der Platz eher nüchtern.

Die Anlage des Botanischen Gartens 1934/35 war eine Arbeitsbeschaffungsmaßnahme. Ungefähr 200 Meter unterhalb der heutigen Kletterhütte Asselstein wurden Arbeitslose eingesetzt, um eine Erholungsanlage anzulegen. Auf mehreren 100 Quadratmetern errichteten sie eine kleine Schutzhütte, legten einen Teich an und pflanzten vor allem exotische Bäume und Sträucher. Die Vergleichsaufnahme von 2003 zeigt, dass die Natur sich dieser Planung widersetzt hat. Vom Botanischen Garten ist nichts mehr übrig geblieben. Ein großer Mammutbaum soll allerdings noch auf dem Gelände zu finden sein.

Die Kletterhütte Asselstein wurde in den Fünfzigerjahren von der Vereinigung Pfälzer Kletterer e.V. auf dem ehemaligen Fußballplatz Annweilers unterhalb des Asselsteins gebaut. Das Foto stammt aus dieser Zeit. Der Asselstein ist als eindrucksvolles Naturwunder und größter der Wasgaufelsen bekannt. Zu allen Jahreszeiten kann man Menschen beobachten, die auf einer der dreißig Routen zum Gipfel in 58 Metern Höhe klettern. In der gemütlichen, später noch erweiterten Kletterhütte versorgen die Damen Schranz schon seit 20 Jahren die Gäste mit rustikaler Hüttenkost. Der Asselstein wurde auch bekannt wegen geheimer Treffen der Sozialdemokraten während des Dritten Reiches in einem Schafstall unweit der jetzigen Kletterhütte, die damals „Gifthütte" genannt wurde.

Heute ein beliebtes Ausflugsziel, war das Annweilerer Forsthaus zur Zeit der historischen Aufnahme, um 1919, sicher kein häufig aufgesuchtes Ziel. Es liegt zwölf Kilometer von der Stadt entfernt, wurde 1831 vom damaligen Revierförster erbaut und 1885 dem Forstamt Annweiler unterstellt. Der Förster hatte das Recht, zwölf Hektar Land zu bebauen, musste sich zu der Zeit aber auch mit Wolf- oder Maulwurfplagen herumschlagen. Heute ist das Annweilerer Forsthaus eine Gaststätte, in der einheimische Spezialitäten angeboten werden und die deswegen auch gerne und viel besucht wird. Sie ist entweder über eine Straße, oder über einen traumhaften Fußweg durch das Eiderbachtal zu erreichen. Ganz in der Nähe des Forsthauses findet zudem jedes Jahr das schon berühmte Sommercamp für Jugendliche am Hermann-Krieg-Haus statt.

Die Annweiler Emaillierwerke, später Asta, gegründet 1890 von Gustav Ullrich, sind ein Stück Pfälzer Industriegeschichte und begründeten ganz wesentlich den damaligen wirtschaftlichen Aufschwung der Stadt. Die Emaillierwerke produzierten schon vor dem Ersten Weltkrieg über 350 verschiedene Artikel in hoher Stückzahl, was in dieser jungen Branche sehr ungewöhnlich war. Ihre Produkte exportierten sie bis nach Russland, z.B. lieferten sie anlässlich der Krönung Zar Nikolaus II. 5.000 Becher. Einer dieser Krönungsbecher ist noch im Museum unterm Trifels zu bewundern. Der gesamte südliche Teil des Werkes, der auf der Aufnahme um 1920 zu sehen ist, wurde 1944 zerbombt. Insgesamt fiel fast die Hälfte des gesamten Werkes den Bomben zum Opfer. Das Gelände steht heute leer, Produktion und Verkauf wurden in den Achtzigerjahren eingestellt.

Das Tor 3 der Emaillier- und Metallwerke Ullrich AG in der Landauerstraße um 1930. Die Ullrich AG startete 1893 ihre Produktion in Annweiler. Zu Beginn des Ersten Weltkriegs, das Werk beschäftigte ca. 800 Arbeiter, wurde bereits ein Mangel an Arbeitskräften und Material spürbar. Zudem nahm die eigentliche Produktion immer mehr ab, da der Betrieb zu Heereslieferungen herangezogen wurde. 1944 wurde bei einem Bombenangriff der gesamte südliche Teil, das Emaillierwerk und die Aluminiumfertigung, zerstört. Indem sie sich auf veränderte Marktbedingungen einstellte, wurde die Ullrich AG ein führendes Unternehmen in der Herstellung von Stahlgeschirren. Trotzdem konnte die Schließung des Werkes nicht verhindern werden.

Die Filtermassefabrik Poerringer an der Annweilerer Straße um 1920. Seit dem 16. Jahrhundert eine Schleifmühle, wurde sie 1731 zur Papiermühle und ging 1912 in den Besitz des Fabrikanten Otto Poerringer über. Damals stand das Wohnhaus der Familie an der Stelle, an der heute die B 10 verläuft. Wo einst auf der grünen Wiese ein hochherrschaftliches Wohnhaus stand, durchschneiden heute gleich zwei Straßen die Landschaft. Die Firma Poerringer ist bis heute im Familienbesitz und produziert hochwertige Filterpapiere für den internationalen Markt.

2

Die Ortsteile

Zur Stadt Annweiler gehören die Ortsteile Bindersbach, Gräfenhausen, Queichhambach und Sarnstall. Bindersbach, dessen Entstehung mit der Burgmannschaft derer von Scharfeneck in Verbindung gebracht wird, wurde 1956 eingemeindet. Heute ist es ein bevorzugtes Wohngebiet. Zwischen dem eigentlichen Stadtgebiet und diesem südlichen Stadtteil erstreckt sich die Markward-Anlage. In Gräfenhausen wird bis zum heutigen Tage Landwirtschaft und Weinbau betrieben, letzterer seit über 650 Jahren. Der hiesige Spätburgunder wurde um 1900 als Heilwein in Apotheken verkauft, auf der Schiffslinie Hamburg–Amerika war er exklusiver Tischwein. Wegen des unglaublichen Wildschweinbestands wird hier jährlich die „Wildsaukerwe“ gefeiert. Queichhambach gehört seit 1972 zu Annweiler. Im hohen Mittelalter gehörte es zu den Besitzungen des Klosters Hornbach, dessen Gründer der heilige Pirmin war. Er ist bis heute Schutzpatron und ziert das Wappen der Gemeinde. „Der nächst bei Annweiler gegen Westen gelegene Weiler Sarnstall“ gehörte politisch, kirchlich und schulisch schon immer zu Annweiler, mit dem Nachteil, dass er früher weit mehr Angriffen ausgesetzt war, als das befestigte Annweiler. Aus einer Papiermühle an der Queich von 1845 entstanden die Kartonagenfabrik Buchmann und die Kartonfabrik Baumann, wichtige Wirtschaftsfaktoren für Annweiler und seine Umgebung.

Alte und moderne Dorfidylle in Bindersbach um 1910 und heute. Gleich geblieben ist der Blick auf den Trifels. Brunnen waren in dieser Zeit lebensnotwendiger Bestandteil eines Dorfes, um den Wasserbedarf von Mensch und Vieh zu decken. In den Häusern gab es noch keine eigene Wasserversorgung. So steht das kleine Mädchen sicherlich nicht zu ihrem Vergnügen am Brunnen. Dahinter sieht man einen typischen Bauernhof aus dieser Zeit, mit Leiterwagen und Bauerngärtchen vor dem Haus. Die heute umgebauten und renovierten Gebäude sind noch gut erkennbar.

Nichts erinnert auf der aktuellen Aufnahme mehr an die einstige Nutzung der Landschaft. Die meisten Bindersbacher lebten von einer recht kärglichen Landwirtschaft. Die mageren Böden gaben nicht viel her, die Bearbeitung von Wiesen und Feldern war durch die schwierige Topografie sehr mühsam und durch die Erbteilung verkleinerten sich die Grundstücke immer mehr. Im Herbst sammelten die Bauern sogar das Laub aus den Wäldern als Einstreu für die Tiere im Stall auf, um Stroh zu sparen. Die Arbeit mit den Ochsen – ein Bauer mit zwei Ochsen galt schon als reich – war mühselig und zeitaufwändig, zumal Ochsen auch noch als stur gelten. Heute ist der Landschaft die Arbeit vieler Generationen nicht mehr anzusehen.

Hier der interessante Versuch, ein Gemälde, das um 1920 entstand, einer Fotografie von 2003 gegenüberzustellen. Die künstlerische Freiheit und der Blick des Malers wirken wie ein Weichzeichner. Watschelnde Entchen, ein blühendes Bäumchen und die Ausformung des Hasfelsens, neben dem Jungturm links und Scharfeneck rechts, den der Maler tatsächlich wie einen Hasen gemalt hat, tragen optisch zur Romantisierung bei. Dagegen wirkt das neue Foto streng und geometrisch, ohne Raum für Fantasien zu lassen. Den Felsen auf der linken Bildseite, den Brockel, hat der Maler nicht dazu erfunden, er ist heute zugewachsen.

Zu diesen beiden Fotos, das historische stammt aus dem Jahre 1910, bedarf es kaum eines Kommentars. Fast einhundert Jahre haben eine dramatische Veränderung der Landschaft mit sich gebracht. Aus der einstigen Waldgemeinde, 1706 zählte der Ort nur sechs Familien, hat sich Bindersbach zu einem ansehnlichen Stadtteil Annweilers gemausert. Heute ist es wieder völlig von Wald umgeben, wohingegen um 1900 große Flächen des Bindersbach-Tales landwirtschaftlich genutzt wurden.

Blick in die Hauptstraße von Gräfenhausen um 1955. Der Büsing-Lkw war der erste Kies-Transporter der im Ort ansässigen Spedition Nagel. Im Gebäude, das vom Lkw verdeckt wird, befand sich früher der Kolonialwarenladen des Dorfes. Das ehemalige Spritzenhaus, das Gebäude am linken Bildrand, steht heute nicht mehr. Die Straße weist dagegen noch das alte Pflaster auf. In der 1761 erbauten St.-Johannes-Kapelle, die noch für Gottesdienste genutzt wird, finden heute auch viele Hochzeiten statt. Paare von nah und fern lassen sich gerne in dem romantischen Kapellchen trauen.

Das Anwesen Kühner – hier wohnte der damalige Förster – in der Krummgasse um 1910. Gräfenhausen ist nicht nur bekannt für seinen Burgunder, sondern auch für seinen bis heute großen Wildschweinbestand in den ausgedehnten Wäldern, mit dem der damalige Förster sicher viel zu tun hatte. Bis heute wird in Gräfenhausen jährlich die traditionelle „Wildsaukerwe" gefeiert. Zu Beginn des 20. Jahrhunderts war es noch üblich, dass der Förster, wie die meisten Einwohner auch, Landwirtschaft betrieb, wie auf dem alten Foto gut zu sehen ist. Heute sieht man der modernen Fassade den ehemaligen Bauernhof nicht mehr an.

Die ehemalige Bäckerei Blinn in der Gräfenhauser Waldstraße / Ecke Hannenbacherstraße um 1910. Eine üppige Bepflanzung mit Weinreben verzierte um die Jahrhundertwende häufig die Hausfassaden. Es ist das Elternhaus eines berühmten Gräfenhauseners, Dr. Hans Blinn, der sich durch viele heimatbezogene Veröffentlichungen einen Namen gemacht hat. Das Haus ist bis auf einige Modernisierungen unverändert, die ehemalige Bäckerei, in der es auch das beliebte Scheuermittel „Imi" zu kaufen gab, ist jedoch nicht mehr hier ansässig. Eine neue, größere Bäckereifiliale wurde nebenan gebaut.

Im Ortsteil Queichhambach steht der Fronhof, ein mittelalterliches Herrengut aus dem 13. Jahrhundert. Die historische Aufnahme zeigt ihn um 1920. Der Name des Hofes leitet sich ab von der Fronarbeit, die die vom Hof abhängige Bevölkerung kostenlos für ihre Herrschaft leisten musste. Als Freihof war er Gerichtsstätte, Wohnsitz des Schultheißen, der auch die niedere Gerichtsbarkeit ausübt, und Zehnthof. Hier gaben die Bauern den zehnten Teil ihrer Erzeugnisse ab. Er hat die Jahrhunderte schadlos überstanden, unter anderem als Bauernhof, Weinlager, Lederwaren- und Schuhladen. In den Siebzigerjahren wurde er zum „Wirtshaus im Fronhof“ umgebaut. Heute kann sich der Gast im original erhaltenen Sandsteingewölbe mit gehobener Küche verwöhnen lassen.

Drei Generationen vor einem landwirtschaftlichen Anwesen in der Queichtalstraße. Auf der alten Aufnahme von 1940 sieht man Vater Adam Dörner und seinen Sohn Philipp, mit dem damals für die Landwirtschaft so typischen Ochsengespann. Für das neue Foto hat sich der Schwiegersohn von Philipp Dörner, Rudolf Wild, in Positur gestellt. Das Anwesen wird nicht mehr landwirtschaftlich genutzt. Der Schweinestall auf der rechten Seite ist abgerissen und der ehemalige Sandsteintrog dient heute als Blumentopf. Auch das kleine Fenster in der alten Scheunentür, das im Frühjahr geöffnet wurde, um die Schwalben in die Scheune zu lassen, gibt es nicht mehr. Gerade was die Nutzung landwirtschaftlicher Gebäude angeht, hat in den letzten Jahrzehnten ein großer Wandel stattgefunden. Ochsen, Kühe, Ziegen oder Schweine sind in kaum einem Stall mehr zu finden, ebenso wenig wie Heu und Stroh in der Scheune.

Die gemalte Ortsansicht von Queichhambach entstand um 1920. Man erkennt von rechts die Burgdreifaltigkeit Trifels, Anebos und Münz. Der Versuch, ein Gemälde fotografisch umzusetzen, ist schwierig, da der Maler die Dinge nicht naturgetreu abbildet, wie man an der Erhöhung des Kirchturms und der etwas anderen Perspektive der Berge sehen kann. Ansonsten macht das Bild den Anschein, als hätte sich Queichhambach bis auf den Straßenausbau und die Bewaldung im Laufe der Jahrzehnte nicht stark verändert. Das Neubaugebiet befindet sich allerdings außerhalb dieses Ausschnitts.

Die Kartonagenfabrik Buchmann GmbH im Ortsteil Sarnstall um 1920 und heute. Bereits im Jahre 1810 gab es hier an der Einmündung des Rimbach eine Papiermühle. 1897 erwarb der Dampfsägewerksbesitzer Jakob Buchmann den Betrieb, modernisierte und mechanisierte ihn. Sein Sohn Julius übernahm 1919 das Werk und machte es zu einer der führenden Kartonfabriken Deutschlands, was es bis heute geblieben ist. In den letzten Tagen des Zweiten Weltkriegs wurde die Fabrik fast völlig zerstört. Heute befinden sich neben der Kartonfabrik Buchmann ein modernes Sägewerk und eine Kistenfabrik auf dem Gelände. Neben diesen drei Betrieben gibt es die Kartonagenfabrik Fritz Baumann KG, die für die Schuh-, Nahrungs- und Waschmittelindustrie Kartons bedruckt. Die Fabriken gehören zu den größten Arbeitgebern der Region.

Die Pirmasenser Straße in Sarnstall um 1915. Beim heutigen Verkehrsaufkommen wäre es bestimmt nicht möglich, eine Schar Mädchen und Jungen auf die Straße zu stellen, die geduldig warten, bis der Fotograf fertig ist. Auch hier hat die Vegetation einst bewirtschaftete Flächen vollständig überwuchert, wohingegen sich die Bäume im Dorf der Modernisierung anpassen mussten.

3

Die Burg Trifels

Oberhalb Annweilers, auf dem fast 500 Meter hoch gelegenen Sonnenberg, erhebt sich die ehemalige Reichsburg Trifels, hier um 1910. Ihre Anfänge gehen bis ins 11. Jahrhundert zurück, als die ersten Steinbauten entstanden. Die eigentliche Blütezeit begann mit dem Tod des letzten Salierkaisers Heinrich V. im Jahre 1125, der auf dem Sterbebett befahl, die Reichsinsignien auf die Burg zu bringen. Die den Saliern nachfolgenden staufischen Kaiser bauten sie zu einer glanzvollen Reichsburg aus. In vermutlich drei Bauphasen entstanden Hauptturm, Palas, Ringmauer und Brunnenturm. Ende des 13. Jahrhunderts verlor der Trifels an Bedeutung. Die Herzöge von Pfalz-Zweibrücken, denen die Burg seit 1410 gehörte, zeigten nur wenig Interesse für die Anlage. 1602 setzte ein Blitzschlag die Burganlage in Flammen, wobei der Palas schwer beschädigt wurde. Im 17. Jahrhundert nutzten die Anwohner die unbewohnte Burg als Steinbruch. Mit dem Aufkommen der Burgenromantik Anfang des 19. Jahrhunderts wurden erste konservatorische Baumaßnahmen durchgeführt. Während des Dritten Reichs begann der Wiederaufbau der Burg zu einer „nationalen Weihestätte". Dieses umstrittene Konzept wurde 1973 in modifizierter Form abgeschlossen. Heute ist der Trifels eines der beliebtesten Ausflugsziele der Pfalz und Ort für kulturelle Veranstaltungen.

Blick auf die Burg Trifels von Südosten in den Jahren 1955 und 2003. Die Fotografien zeigen die gravierenden Veränderungen der Burgruine. Zu Beginn des 20. Jahrhunderts sieht man den einsam stehenden Turm (s. S. 87), der noch aus dem Mittelalter stammt. Mit der Fertigstellung des Palas' verlor der Hauptturm seine dominierende Stellung. 1955 wurde der Blick durch den Neubau des Kastellanhauses weiter eingeschränkt. Zwischen 1964 und 1966 fügte man dem Turm ein viertes Geschoss hinzu, um den zwischenzeitlich verloren gegangenen ästhetischen Charakter einer typischen Burgsilhouette wieder herzustellen.

Ostansicht der 1937/38 freigelegten Burgruine Trifels mit dem historischen Hauptturm, 1938. Vom Palas und den beiden Toren haben sich nur noch Mauerstümpfe erhalten. Der neue Palas entstand zwischen 1938 und 1946. Gegenüber seinem Vorgängerbau wurde er um ein Stockwerk erhöht. In seinem Inneren beherbergt der Palas den monumentalen Kaisersaal, in dem heute regelmäßig kulturelle Veranstaltungen stattfinden. Die östliche Ringmauer und die beiden Tore wurden in den Fünfzigerjahren wieder hergestellt.

Das so genannte „Untere Tor" nach der Freilegung im Jahre 1937. Von diesem Tor hatten sich nur noch die Gewände und die sich daran anschließenden Mauerreste erhalten. Der östliche Gewändestein trägt im oberen Teil die Jahreszahl 1569. Im Zuge der Wiederaufbaumaßnahmen erhielt das Tor in den Fünfzigerjahren einen Rundbogen und bildet seitdem den Haupteingang zur Burg. Im Hintergrund sieht man das zur gleichen Zeit entstandene Kassenhäuschen.

Blick von Süden auf die ausgegrabenen Grundmauern des so genannten Pförtner- und Ritterhauses, 1937. Hier vermutete der Leiter der Ausgrabungen von 1937/38, Dr. Sprater, ein zweigeschossiges Gebäude, von dem eine Holzbrücke auf den oberen Burghof führte. Die Treppe zum oberen Burghof entstand wahrscheinlich erst im späten Mittelalter. Sie wurde in den Sechzigerjahren durch eine neue Treppe ersetzt, die man durch ein Spitzbogenportal erreicht. Im Hintergrund zeigen sich die Restmauern des ruinösen Palasgebäudes.

Die bislang älteste bekannte Fotografie der ehemaligen Reichsburg Trifels entstand um 1855. Sie zeigt den Hauptturm mit einem Zinnenkranz, der bereits 1856 wieder entfernt wurde. Im gleichen Jahr reparierte man auch den Bodenausbruch des Kapellenerkers. Von dem spätmittelalterlichen Wachthaus ist noch der Maueransatz des zweiten Geschosses mit einem Fenster zu erkennen, das heute verschwunden ist. 150 Jahre nach der Aufnahme hat sich vor allem der Hauptturm stark verändert. Er erhielt zwischen 1964 und 1966 ein weiteres Geschoss. Das Wachthaus wurde in den Fünfzigerjahren umfassend restauriert.

Blick vom oberen Burghof auf das Wachthaus und die beiden Burgruinen Anebos und Scharfenberg. Das so genannte Wachthaus, über dessen Funktion man bis heute spekuliert, ist ein spätmittelalterlicher Bau, der dem 14./15. Jahrhundert zugeschrieben wird. Die teilweise fehlende Nordwand des Erdgeschosses bildete einst eine Trennwand zu einem ursprünglich größeren Gebäude. Die großzügige Mauerstärke der Zwischenwand lässt vermuten, dass sich daran ein dreigeschossiges Gebäude anschloss. Im Zuge der Wiederaufbaumaßnahme während der nationalsozialistischen Herrschaft sollte das Wachthaus zu einer großzügigen Toranlage umgestaltet werden. Nach dem Zweiten Weltkrieg verwarf man dieses Konzept und beschränkte sich auf Konservierungsarbeiten der bestehenden Bausubstanz.

Auf der Nordseite des Parkplatzes Schloßäcker stand einst die Gaststätte „Waldhaus Trifels", kurz „Burgschänke" genannt. Der einfache Holzbau entstand 1938, zu Beginn des Wiederaufbaus der Burg Trifels. In den Sechzigerjahren stürzte ein Baum auf die Gaststätte. Der noch brauchbare Teil wurde an der Quelle unterhalb des Annweiler Forsthauses als Österreicher Hütte wieder aufgebaut und der Rest abgerissen. Zur gleichen Zeit entstand auf der gegenüberliegenden Seite ein solides Gebäude mit einer entsprechenden gastronomischen Einrichtung. Der Platz, an dem die alte „Burgschänke" stand, wurde nicht wieder bebaut. Nur noch ein paar Steinstufen und die Terrassenmauer erinnern an die ehemalige Gaststätte.

Betende Kinder vor dem alten Kreuz mit kleeblattförmig endenden Armen am noch unbefestigten Trifelsweg um 1910. Im Hintergrund ist der mächtige Bergfried der Burgruine Scharfenberg zu sehen, der deutlich über die Baumkronen hinaus ragt. An der gleichen Stelle vereinigt sich heute die Trifelsstraße. Das alte Kreuz wurde durch ein neues Feldkreuz ersetzt. Der Bergfried ist durch den hoch gewachsenen Wald nicht mehr zu erkennen.